THÈSE

POUR

LA LICENCE

Simon

UNIVERSITÉ DE FRANCE. — ACADÉMIE DE RENNES.

FACULTÉ DE DROIT.

THÈSE POUR LA LICENCE

JUS ROMANUM : De Servitutibus.

DROIT FRANÇAIS : Des Servitudes établies par le fait de l'homme

CETTE THÈSE SERA SOUTENUE LE SAMEDI 12 AOUT 1871

PAR JAMES SIMON

NÉ A NANTES LE 1ᵉʳ MARS 1849.

EXAMINATEURS :
MM. BODIN,
HUE,
MARIE,
GUÉRARD.

NANTES

IMPRIMERIE VINCENT FOREST ET ÉMILE GRIMAUD

PLACE DU COMMERCE, 4, A L'ANGLE DE LA RUE DE GORGES.

—

1871

JUS ROMANUM

DE SERVITUTIBUS

Justinien Inst., Lib. II., Tit. III. — Dig. VIII., Tit. 1. 4. 6.

I

De servitutibus in genere.

Jus summum quod potest habere quis in rebus, est jus dominii.

Dominium autem alicujus rei est jus hâc re utendi, fruendi et abutendi.

Jus utendi, id est jus capiendi usum sine fructu;

Jus fruendi, id est jus percipiendi fructus rei;

Jus abutendi, id est jus faciendi hujusdem rei usum definitivum.

Tria igitur jura, utendi, fruendi et abutendi in jure dominii quod vocant etiam proprietatem inclusa sunt.

Quæ jura potest habere quis dominus unicus, scilicet plenæ proprietatis. Sed plerùmque eadem tria jura separantur, et ea plures habent. Tunc proprietas dividitur.

Hâc separatione et divisione nascuntur servitutes.

Servitus autem vulgò definitur : « Jus rei alienæ impositum quo quis aliquid pati, aut non facere cogitur. »

Omnium servitutum ea natura est, ut quasdam conditiones necessario continere debeant, quarum imprimis quatuor numerantur :

1° Naturâ servitutes incorporales sunt; id est quamvis rebus corporalibus accedant, attamen propriam naturam incorporalem servare debent; indè usu non capiuntur quum possessio earum haberi nequeat.

2° Servitutes nonnisi rebus corporalibus imponi possunt. Indè viget hoc principium : « Servitus, servitutis esse non potest. » Cæterùm id quod, vetante hâc regulâ valere non posset, jure servitutis, potest quis jure obligationis consequi.

3° Nunquam ea est servitutis natura, ut quis aliquid facere cogatur; tantum modò jure servitutis aliquid patiendi vel non faciendi obligatio imponi potest : Sic ut quis viridaria tollat, aut amœniorem prospectum præstet, sine dubio servitus non valeret.

4° Ex substantiâ omnium servitutum est, quòd ejus rei quæ nec alicujus personæ, nec alicujus prædii intersit, nulla possit esse servitus. Hinc dixit Pomponius : « Quotiens nec hominum, nec prædiorum sunt quia nihil vicinorum interest, non valent. » (Pomponius, Dig. liv. 8, t. I, l. 15.) Attamen valeret servitus cujus utilitas hodiè non existit, dum in futurum existere possit. Hinc Labeo : « Fundo quem quis vendat servitutem imponi, etsi non utilis sit, posse existimo ; quædam enim habere possumus, quamvis ea nobis utilia non sunt. » (Labeo, Dig., liv. 8, t. 1, l. 19.)

Servitutes in genere vel personarum sunt : sic usus, usus fructus, habitatio et operæ servorum ; vel rerum : sic servitutes prædiorum rusticorum et urbanorum.

De servitutibus prædiorum rusticorum et urbanorum, nobis præsertim disputandum est.

II

De servitutibus prædiorum.

Servitutes prædiorum dici possunt : « Jura quædam in prædio alieno, ad augendam utilitatem vel amœnitatem alterius prædii. »

Quæ præcipuè a servitutibus personarum distinguuntur, quum numquam decedentibus personis extinguantur, sed fundum apud omnes quibus dominium contingit, sive emptor-sit, sive lega- tarius, sequantur. Distinguuntur quoque quum individuæ sint ; servitutes contrà personarum dividuæ.

Ex prædiorum servitutum substantiâ est, ut non solum non nisi a prædiis sed etiam non nisi prædiis debeantur. Ideò hæ servitutes prædiorum appellantur, quoniam sine prædiis constitui non possunt ; et quidem absque duobus quorum unum alter serviat, ad alterum dominum pertinenti. Hinc in re communi, nullus jure servitutis neque facere quidquam invito altero potest neque prohibere quominus alter faciat ; nulli enim res sua servit.

Quum ex substantiâ servitutum prædialium sit, ut prædio ser- vitus debeatur, hinc concluditur servitutem prædialem constitui non posse nisi prædii utilitatem respiciat. Propterea si quis, ut in fundo alieno cœnare, vel poma decerpere liceat, stipulatus fuerit, non servitus existit, sanè autem obligatio, quum personæ non prædii hoc genus promissionis interest. Benignè tamen pla- cuit, ut etiam de his quæ non utilitatem prædii propriè dictam spectarint, sed aut ejus salubritatem aut amœnitatem, servitus constitui posset.

Vicina esse oportet prædia quorum alterum alteri servitutem debet. Hoc verò strictuis aut largiùs accipitur pro diversâ diver- sarum servitutum naturâ. Enim verò in servitute altius non tollendi et similibus, vicinæ ædes existimantur hoc ipso quòd sint in mutuo conspectu ; item in servitutibus viæ, actûs, haustûs aquæ, non requiritur ut prædia contigua sint. Nam etiam flumine interveniente via constitui potest, si aut vado aut ponte transire liceat. Diversùm si pontonibus trajiciatur.

Omnes prædiorum servitutes perpetuas causas habere debent. Indè receptum erat neque ex lacu neque e stagno aquæductum concedi posse, quum nihil perpetuum æstimatur quàm quòd ex naturali fit causâ. Paulus autem docet posteriorum temporum mores ab illâ priorum subtilitate recedisse atque stipulari assolitum esse, ut non ex capite vel ex fonte tantùm, sed etiam ex quocumque loco aqua duceretur sive hauriretur.

Ex substantiâ servitutum prædialium est, ut sint individuæ. Hìnc pro parte neque legari neque adimi possunt; et id si factum est neque legatum neque ademptio valet. Quòd ex his Pomponii apparet : « Viæ, itineris, actûs, aquæductûs, pars in obligationem deduci non potest, quia usus eorum indivisus est. »

Denique ea natura est servitutum prædialium ut sint qualitates prædiis impressæ, tam ei a quo debetur, quàm ei prædio cui debetur. Hìnc, quum fundus fundo servit, vendito quoque fundo servitutes sequuntur.

Servitutum prædialium duplex est divisio :

Rusticæ dicuntur hæ servitutes quæ nullâ ædium occurente memoriâ concipi possunt, scilicet quæ in solo tantùm consistunt;

Urbanæ contrà, quæ sinè cogitatione ædium concipi nequeunt, scilicet quæ in superficie consistunt.

His autem duobus servitutum generibus plures differentiæ inhærent. Quæ enim in solo consistunt, ut pretiosiores res, ex numero rerum mancipi ante Justinianum erant; non aliæ. Differunt quoque inter se, « quum servitutes prædiorum rusticorum tales sint ut non habeant certam continuamque possessionem ; nemo enim tam perpetuò, tamque continenter ire potest, ut nullo momento possesio ejus interpellari videatur. » (Dig., liv. 8, t. I, l. 14, princip. Paul.) Unde fit ut non utendo rusticæ servitutes tollantur; non idem sanè dicendum de illis quæ ædificiis inhærent, quæ quidem non omninò pereunt non utendo. Quòd si enim ædes tuæ ædibus meis serviant, ne altiùs tollantur, ne

luminibus mearum ædium officiatur, et ego per statutum tempus
fenestras meas præfixas habuero, vel obstruxero, ita demùm
quidem si tu per hoc tempus ædes tuas altiùs sublatas habueris,
jus meum amitto; « alioquin verò si nihil novi feceris, retineo
servitutem. » (Dig., liv. 8, t. II, l. 6, Gaius.)

Tertiam hæc Marciani fragmenta differentiam demonstrant :
« Jura prædiorum urbanorum pignori dari non possunt : igitur
nec convenire possunt ut hypothecæ sint. — Sed an viæ, itineris,
actûs, aquæductûs pignoris conventio locum habeat videndum
est. Pomponius ait ut talis pactio fiat ut quamdiu pecunia soluta
non sit, eis servitutibus creditor utatur, scilicet si vicinum fundum habeat, et si intrà diem certum pecunia soluta non sit,
vendere eas vicino liceat. Quæ sententia propter utilitatem con-
trahentium admittenda est.» (Dig., liv. 20, t. II, frag. 11, parag. 5,
Marcian.)

Quibus fundis imponi possunt servitutes prædiorum.

Huic quæstioni generaliter respondit Ulpianus qui nos docet :
quibuscumque prædiis quæ in dominio nostro sint, constitui aut
imponi ipso jure servitutes posse, jure autem prætoris quum de
superficiariis prædiis agitur. Sed quædam restrictio admittitur in
rebus divini vel publici juris, quibus nulla potest esse servitus,
sive quum de locis sacris agitur, quibus tamen propter religionem
servitutem itineris ad sepulchrum retineri et acquiri posse constat,
sive quum de mari agitur quod ad omnes pertinet.

Quod juris servitutes continent.

Is cui servitus constituta est nihil in fundo qui servit ultrà
facere potest quam quod vel in contrahendo jure expressum est,
vel si nihil dictum est, ex naturà ipsà juris cessi constat.

Etenim servitus non intelligitur nisi cum eà conditione ut
omnia quæ sunt ad exercendum jus necessaria, stipulatori facere
liceat, videlicet si iter promissum sit quà, nisi opere facto, tran-

siri non possit, fodiendo, substruendo iter facere fas erit. Is verò qui cessit, nil unquàm servitutis nómine facere cogitur, ut in eo tantùm adstringi possit ut aliquid patiatur, vel non faciat.

Atquin ita servitutem interpretari debemus, ut quum nulla dominanti injuria, tum quàm minimè detrimenti fundo servienti afferatur.

———

III

De peculiari rusticarum servitutum materiâ.

Servitutes prædiorum rusticorum sunt hæ : Iter, actus, via, aquæductus, item multæ aliæ. Singulas species percurremus.

De itinere, actu et viâ. — Iter est jus eundi, ambulandi hominis; non etiam jumentum agendi, vel vehiculum.

Actus est jus agendi vel jumentum, vel vehiculum.

Via est jus eundi et ambulandi et agendi ; nam et iter et actum via in se continet.

Quid ergò inter se tres illæ servitutes differant videndum est :

1º Inter actum et iter non nulla est differentia : iter est enim quà quis pedes vel eques commeare potest. Actus verò ubi et armenta trajicere et vehiculum ducere liceat. Cæterùm qui actum habet plaustrum oneribus trahendis ducere non potest: in quo actus differt a viâ.

Itaque qui iter habet, actum non habet ; qui actum habet et iter habet.

2º Via et iter et actum in se continet : Inter viam et actum nulla primò apparet differentia : verùm in duobus differt via ab itinere et actu : enim verò qui actum habet plaustrum ducere potest, sed non oneribus aptum ; qui viam habet solus potest lapidem aut tignum trahere, rectam ferre hastam : hæc est prima differentia. Adhuc in uno differt via ab itinere et actu : nam si itineris actûsque latitudo non demonstrata erit, ab arbitro statuenda est : si autem viæ latitudo non demonstrata erit, non arbiter, sed lex statuit. Viæ latitudo ex lege duodecim tabularum, in porrectum octo pedes habet, in anfractum sedecim. Cæterum inter se partes convenire possunt eam latiorem aut angustiorem esse, dum tamen plaustra agi possint ; alioquin iter, non via esset. Uno casu citrà jus servitutis via præstari debet : nam quum via publica vel fluminis impetu, vel ruinâ amissa est, viam præstare debet vicinus proximus.

De aquœductu. — Aquæductus est jus aquam ducendi per fundum alienum.

An autem tantùm hujus quæ jam inventa est aquæductus constitui potest ? Quidam talem servitutem constitui posse aiunt, ut aquam quærere et inventam ducere liceat. Nam si liceat, nondùm ædificato ædificio servitutem constituere, quare non æquè liceat, nondùm inventâ aquâ, aquæductûs servitutem constituere ? Et, si ut quærere liceat cedere possumus, etiam ut inventa ducatur cedi potest.

Servitus aquæductûs duo continere potest :

1° Dominus prædii servientis prohiberi potest aquam quæ in ipso fundo nascitur, ibi continere, quod jure communi licet.

2° Domino prædii dominantis, licet opus manufactum in prædio serviente facere per quod ducatur aqua. Per lapidem aqua duci non potest, nisi hoc in servitute constitutum sit ; in consuetudine autem esse solet ut per fistulas aqua ducatur, et semper ita ut nullum damnum domino fundi ex his detur.

Circà quantitatem aquæ quam ducere licebit, si super eâ re nihil constitutum fuerit, consuetudo spectabitur magis quam indigentiâ prædii dominantis.

Videamus nunc per quam fundi servientis partem iter, actus, via, aquæductus duci debeant. Et quidem aut in constitutione servitutis per quam partem fundi duceretur, determinatum est, et eo casu illâ duntaxat parte uti oportet ; aut non determinatum

2

est, et eo casu interest quo titulo servitus sit constituta : si per damnationem via, iter, actus, aquæductus simpliciter per fundum legetur, heres per quam partem fundi velit servitutem constituet : sin autem per vindicationem aut inter vivos constituta sit, si locus, non adjectâ latitudine, nominatus sit, per eum locum quâlibet iri poterit : si locus ipse, latitudine non adjectâ, prætermissus sit per totum fundum una via eligetur, et latitudo lege indicata dabitur ; si pro loco dubitetur, arbitri officium invocabitur.

Civiliter servitute utendum est : quædam enim in constitutione servitutis tacitè excipiuntur : non enim per villam ipsam, nec per medias vineas, ire, agere sinendum est, quum commodè per alteram partem fundi iter aut actus duci possit, minore servientis fundi detrimento.

Quum pars fundi per quam servitutis usus constituitur non indicatur, totus fundus servit donec pars eligatur ; nec quidquam dominus fundi servientis facere poterit quo servitus impediatur, quæ ita diffusa est ut omnes glebæ serviant. Constat verò ut quâ primum via directa fuerit, eâ demum ire, agere debeatur, nec illius mutandæ domino fundi dominantis potestas sit.

Quod diximus, scilicet ante determinationem loci interim totum fundum servire, obtinet quum unicus est dominus prædii cui servitus constituta fuit. Verùm itinere, ad prædium commune duorum legato, nisi uterque de loco itineris consentiat, servitus nequé acquiritur neque deperit.

Observandum superest quòd si is qui jus habet determinandi locum per quem fundus servire debet, scilicet vel heres ejus qui servitutem concessit, vel is cui concessa est, determinet locum nimis incommodùm, eâ de re adeundus sit arbiter.

De aliis quibusdam rusticorum prædiorum servitutibus. — In rusticis computandæ sunt servitutes aquæ haustûs, ad aquam ad pulsûs, pascendi, calcis coquendæ, arenæ fodiendæ. Aliæ etiam fingi possunt, scilicet ut lapides, in alieno fundo cædere liceat. Enim verò si constat in tuo agro lapicidinas esse, invito te, nec privato nec publico nomine quisquam lapides cædere potest cui id faciendi jus non est; nisi talis, consuetudo in illis lapicidinis consistat ut si quis voluerit ex his cædere, non aliter hoc faciat, nisi priùs solitum solarium domino præstet.

Item sic possunt servitutes imponi ut boves per quos fundus colitur, in vicino agro pascantur.

Item sic servitutes ut fructus in vicini villâ cogantur, coactique habeantur, et pedamenta ad vineam ex vicini prædio sumantur.

Imò servitus constitui potest, ut tugurium mihi habere liceat in tuo fundo, scilicet si habeam pascui servitutem aut pecoris appellendi, ut si hiems ingruerit, habeam quo me recipiam.

IV

De peculiari urbanarum servitutum materiâ.

Servitutes prædiorum urbanorum sunt hæ : ut altiùs tollat quis ædes suas aut non tollat; ne luminibus officiatur; ut stillicidium vel flumen recipiat quis in ædes suas vel in aream vel in cloacam, vel non recipiat; ut vicinus onera vicini sustineat; ut in parietem ejus liceat vicino tignum immittere.

De servitute altiùs tollendi aut non tollendi. — De naturâ servitutis altiùs tollendi, magnas inter jurisconsultos dissenssiones invenimus. Nonnulli illam existere servitutem putant, quum aliquis vicinum cogere potest ut altiùs tollat, insulæ ventis soleque protegendæ causâ, quod falsum sanè intelligimus : nam, ut jam diximus, servitutum non ea est natura ut aliquid faciat quis, sed ut aliquid patiatur aut non faciat.

Opinionem ceteram, in quâ servitus altiùs tollendi est jus in vicini ædes immittendi, destruit institutorum dispositio quæ duò hæc servitutum genera duobus nominibus distinguit. (Inst., liv. 4, t. VI, parag. 2.)

Primo visu meliorem cogitaret aliquis hanc quorumdam mentem quæ servitutem altiùs tollendi non intelligit, nisi servituti contrariæ oppositam, quæ novo jure vana finit ac inutilis. At si paulummodò scrutati fuerimus, manifestò videbimus isto modo non novam constitui servitutem, antiquum autem jus restitui in integrum.

Itaque censemus servitutem altiùs tollendi esse jus quo vicinus pati cogeretur me altiùs tollere quam a loci consuetudine liceret.

Scimus enim ædificiorum altitudinem apud Romanos legibus sæpe consecratam fuisse.

Quòd si nobis opponatur non jus fuisse privatis leges in omnium observantiam editas deponendi atque abrogandi, dicemus non in omnium strictam observantiam, sed quodam mcdo ut pacta supplerent illas leges editas esse, permissumque fuisse civibus stipulationibus ac pactis derogare.

Altiùs non tollendi servitus prohibet ne ædes extollam. Et si viridaria suprà definitam altitudinem habuerim, nihil contrà servitutem factum fuerit : quod servitutem luminibus non officiendi a servitute non altiùs tollendi distinguit. Quum enim illa exstiterit, neque ædificare possum neque arbores ponere, quotiescumque aut ædes aut arbores lumini offecerint. Lumen id est ut cœlum videatur, et interest inter lumen et prospectum : nam prospectus etiam ex inferioribus locis est ; lumen ex inferiore loco esse non potest.

De servitute luminum. — Servitute luminum jus acquiritur fenestras aperiendi in pariete in quo jure communi, aperiendi jus non fuisset : scilicet in vicini pariete vel in communi. Inter servitutes luminum et ne luminibus officiatur, hoc discrimen, quod in luminum servitute minus est quam in alterà, quod qui hanc habet, altiùs ædificare non prohibeatur, aliaque facere modò tantum luminum vicino relinquat quantum ad usum domini sufficiat ; qui autem servitutem debet ne luminibus officiatur, nihil omninò facere possit quo lumen minuatur, etiamsi vicini ædes luminibus abundent. Observari decet plus esse in servitute ne luminibus officiatur quam in illà ne ædes altiùs tollantur : prima enim servitus in hoc consistit ne quid luminibus vicini officiatur, ædes ædificando ; secunda contrà etiam alio modo, veluti arbore positâ.

De servitute stillicidii et fluminis recipiendi vel non recipiendi. — In eodem loco de servitute fluminis atque de stillicidii servitute tractari potest. Sunt enim eisdem regulis subjectæ, nec aliud inter eas existit nisi quod in stillicidio guttatim passimque per tecta, dum in flumine conjunctim per canale, aquæ effundere solent.

Servitus stillicidii vel fluminis recipiendi, est servitus quâ vicinus fundi mei aquas in arenâ aut tecto cadere pati cogitur.

Servitutem stillicidii non recipiendi non omnes eodem modo jurisconsulti interpretati sunt. Sunt qui servitutem illud jus fuisse affirmant, quo quis quum utile putaret aquas e tecto vicini in arenâ accipere, agere posset ut vicinus immitteret aquas.

Secundum ceteros hæc servitus servituti contrariæ opponebatur ita ut jure novo antiquum jus destrueretur.

Ego autem censeo, ut jam dixi de servitute altiùs tollendi, illas non jure constitutas opiniones, maloque dicere servitutem stillicidii non recipiendi, fuisse jus loci consuetudinibus derogandi, ita ut quum mihi lege communi mandaretur stillicidium vicini recipere, servitute constitutâ non recipere permitteretur. Attamen dicere debemus raram fuisse hanc servitutem, quum in Institutis semel, nec in aliis juris documentis unquàm enuntiatam inveniamus.

De servitute tigni immittendi, protegendi projiciendique. — Jus tigni in parietem vicini immittendi, servitus est prædiorum urbanorum, quâ, si jus generaliter concessum sit, de tignis quæcumque jam vel postea exstiterint cautum esse videtur.

Servitutes projiciendi et protegendi sunt emittendi aliquid suprà vicinum fundum, si tegendi parietis causâ protectum, si verò alicujus substruendi projectum esse dicitur. Protectum et projectum ab immisso differunt quod ita provehuntur ut non in ædibus vicinis requiescant.

De servitute oneris ferendi. — Oneris ferendi servitus est jus quâ quis, ædificii dominântis onus, in pariete suâ aut pilâ imponi patitur. Jamdudum vidimus servitutes tantummodò in patiendo vel in non faciendo consistere. Illa autem ab alteris differt, eò quod etiam ad faciendum fundi vicini dominum obligat, ita ut columnas parietemve quæ onus sustinent, si deficiant reficere cogatur. Speciale jus illud in illâ formulâ constat : « Paries oneri ferendo uti nunc est, ita sit. »

—

V

Quibus modis constituuntur servitutes prædiales ?

Antequàm de numerosis illis modis qui ad constitutionem servitutum prædialium usui sunt, disputemus, dicendum est illas servitutes vel per translationem vel per deductionem constitui posse : per translationem si in fundo tuo ad utilitatem prædii vicini quamdam servitutem concesseris ; per deductionem contrà, si fundum tuum servitute retentâ ac servatâ alienaveris.

Varia autem in illâ materiâ scilicet, vel stricti juris civilis, vel prætorum, vel etiam Justiani, tempora distinguere, necesse est.

Jure civili servitutes prædiales mortis causâ aut inter vivos constituebantur :

Mortis causâ, id est testamento. Poterat enim in testamento heredem suum quis damnare ne altiùs ædes tolleret, ne luminibus ædium vicinarum officeret, vel ut pateretur tignum in parietem immitti. Vice versâ potest quis testamento efficere ut hereditario prædio servitus debeatur ab alio prædio quod legaverit. In antiquo autem jure inter servitutem legatam per damnationem et legatam per vindicationem, magnum erat discrimen : si per vindicationem poterat legatarius usum servitutis vindicare ; si verò per damnationem actione in personas sibi dari servitutem persequebatur.

Inter vivos transferebantur servitutes prædiales, vel per mancipationem quum de rusticis servitutibus ageretur, vel per in jure cessionem ; quæ quidem de fundis provincialibus quibus verum non erat dominium, non valebat. Uti tunc oportebat pactionibus et stipulationibus. Pecunia quæ si servitus pacto promissa turbaretur solvenda erat, stipulabatur. Itaque si servitute non usus esset prædii dominantis dominus actionem habebat ex stipulatu, ut stipulatam obtineret pænam ; quum verò quasi-possessio fuisset, prætor interdictum veluti possessorium et actionem utilem publicianam dabat ne a stipulata servitute impediretur. Item servitutes constitui poterant per adjudicationem, in actionibus familiæ erciscundæ aut communi dividundo, dummodò judicium esset legitimum. Et enim judex quum adjudicabat aliquam servitutem imponere poterat ut alium alii servum faceret ex fundis quos adjudicabat. In acquisitione autem servitutum prædialium traditio erat impossibilis, quum res sunt incorporales ; item usucapio, ex lege saltem Scribonià. Ante hanc legem dubitatur.

Jure prætorio in hâc materià usus servitutis et patientia illius qui servientem habet fundum, pro traditione quâdam habebantur. Quinimò, deficiente titulo, diuturnum usum vel longam quasi-possessionem servitutis justam causam acquisitionis esse placuit et Ulpianus nos docet « ei qui sub talibus conditionibus servitute usus est » actionem utilem competere, « ut ostendat per annos forte tot, usum se non vi, non clàm, non precario possedisse. » (Ulp. Dig., liv. 8, t. V, l. 10.) Et hic præsertim in servitutibus quæ in superficie consistunt, quoniam earum possessio quædam continua est, modus utilis erat. Effecerunt quoque prætores ut etiam si judicium esset imperio continens servitutes per adjudicationem constituerentur.

Regnante Justiniano , mancipatio et in jure cessio obsole-
verunt. Tunc constituuntur servitutes prædiales per testamentum
aut per adjudicationem. Dicere autem decet in Justinianeo jure,
discrimen inter servitutem legatam per vindicationem et legatam
per damnationem evanuisse ; nihil enim præter voluntatem
defuncti desideratur ad acquirendam servitutem ; statim ei cui
legatur servitus absque ulla cessione et traditione acquiritur.
Constituuntur quoque diuturno usu aut præscriptione longi
temporis , aut pactionibus atque stipulationibus.

Quod ad tempus et conditiones quæ servitutibus prædialibus
adjici possunt, attinet, dicemus stricto jure, neque ex tempore,
neque ad tempus, neque sub conditione, neque ad certam conditionem servitutes illas constitui posse. Jure autem prætorio
exceptio quædam utilis doli et pacti datur quæ opponenda est ei
qui servitutem vindicat. Observandum est autem hanc utendi
servitute regulam valere, quâ quis nonnisi post quamlibet horam
usque ad certam horam uti possit, nam ut meritò dixit Papi-
nianus : « Intervalla dierum et horarum non ad temporis causam,
sed ad modum pertinent. » (Papin. Dig., liv. 8, t. I, l. 4, parag. 2.)
Modum verò adjicere servitutibus non prohibetur.

VI

Quomodo servitutes prædiales extinguuntur.

Quinque sunt modi amittendarum servitutum, scilicet : confusio,
resolutio juris illius qui eas constituit, remissio, non usus, in-
teritus prædii alterutrius.

1° Servitutes prædiorum confunduntur si idem utriusque
prædii dominus esse cœperit ; nemini enim res sua servit ; nec
reviviscit servitus quamvis postea desierit esse dominus.

2° Extinguitur servitus si jus illius qui eam prædio imposuit resolutum fuerit ex causa antiqua et necessaria : enim verò si servitus imposita sit fundo sub conditione tradito, pendente conditione, pendet servitus.

3° Item servitus extinguitur si remittatur jus servitutis : hoc equidem duobus modis fieri solet, aut cedendo in jure, aut permittendo aliquid contrarium servituti faciendi. Denique si stillicidii immittendi jus habeam in aream tuam, et permisero jus tibi in eâ areâ ædificandi, stillicidii immittendi jus amitto. Et similiter si per tuum fundum iter aut actus mihi debeatur, et permisero tibi in eo loco per quem iter aut actus debentur aliquid facere, amitto jus eundi aut agendi.

4° Servitutes prædiales pereunt quum prædiorum alterutrum periit : servitutis enim conditio est ut duo fundi existant. Sed si reædificetur domus aut revertatur ad pristinum statum fundus, renascentur servitutes.

5° Extinguuntur servitutes non utendo. Qui viam, iter, actum et cætera biennio usus non est, amisisse videtur. Hic modus recuperandi, ut ita dicam, servitutem, usurpatio appellatur ; nec eam sustulerat lex Scribonia.

Vulgò dicitur non utendo per modum et tempus extingui servitutes. Tempus est constitutum a lege spatium. Erat quidem quondam biennium ; à Justiniano autem usque ad decennium inter præsentes et viginti annos inter absentes porrectum est. Modus, est servitutis secundum placita, usus. Consequenter, si is qui nocturnam aquam habet, eâ interdiù per constitutum ad amissionem tempus usus fuerit, amisit nocturnam servitutem quâ non usus est. Idem est in eo qui certis horis aquæductum habens, aliis usus fuerit, nec ullâ parte earum horarum.

Quod ad interitum non utendo attinet, notanda est magna inter rusticas et urbanas servitutes differentia : etenim ut urbanæ extinguantur necesse est ut aliquid contrarium servituti continuò efficiatur ; rusticis contrà, ut amittantur, satis est non uti.

VII

De actionibus quæ servitutibus competunt.

Duæ actiones jure civili servitutibus competunt : confessoria et negatoria.

Confessoria actio est ea quâ quis prædio suo servitutem deberi intendit.

Negatoria actio est ea quâ quis libertatem fundi sui vindicat negatque in eo servitutem quam sibi adversarius arrogat.

DROIT FRANÇAIS

DES SERVITUDES ÉTABLIES PAR LE FAIT DE L'HOMME

(Code Napoléon. Art. 686-710).

L'article 637 nous donne la définition des servitudes : « C'est, » dit-il, une charge imposée sur un héritage pour l'usage et » l'utilité d'un héritage appartenant à un autre propriétaire. »

Cette définition nous montre qu'une servitude, de même qu'une obligation, se compose des éléments suivants : un avantage objet du droit, un sujet passif, un sujet actif; mais tandis que l'obligation établit un rapport de droit entre deux personnes, la servitude établit le sien entre deux héritages.

Cette différence essentielle entre l'obligation et la servitude en amène plusieurs autres :

1° L'obligation est restreinte au débiteur et à ses héritiers ; au contraire, la servitude enchaîne tous les acquéreurs des fonds et constitue une de ses qualités ;

2° L'obligation ne s'éteint ni par la mort du débiteur ni par celle du créancier (art. 1122), tandis que la servitude s'éteint nécessairement par la perte de l'un des deux fonds ;

3° Le débiteur d'une obligation peut toujours se libérer au bout d'un temps plus ou moins long; au contraire, les servitudes

étant inhérentes aux fonds, les grèvent à perpétuité et le propriétaire du fonds servant ne peut forcer celui du fonds dominant à
accepter l'offre qu'il lui fait de le priver de sa servitude en lui
payant une indemnité. Remarquons, toutefois, que n'étant tenu
que *propter rem,* en sa qualité de détenteur du fonds servant, il
peut, en abandonnant le fonds, se dispenser de subir la servitude.

4° L'obligation consiste le plus ordinairement à faire quelque
chose ; au contraire, *servitus in omittendo consistit, non in
faciendo.*

Le droit romain reconnaissait deux sortes de servitudes : les
servitudes réelles qui établissaient une charge sur un héritage
pour l'usage et l'utilité d'un autre héritage ; les servitudes personnelles qui étaient établies sur un héritage au profit d'une personne autre que le propriétaire du fonds assujetti : tels étaient
les droits d'usufruit, d'usage et d'habitation.

Cette qualification de servitudes personnelles a paru dange-
reuse aux rédacteurs du Code, en ce qu'elle pouvait rappeler le
souvenir des institutions féodales et être interprétée, par des gens
peu éclairés, dans le sens d'assujettissement d'une personne à
une autre. C'est pourquoi, admettant les mêmes droits, ils ont
cependant écarté l'expression de servitudes personnelles sous
laquelle ils étaient désignés.

L'article 639 indique trois sortes de servitudes et c'est dans
leur origine même qu'est puisée cette division.

Les servitudes dérivent : ou de la situation des lieux, ou des
obligations imposées par la loi, ou des conventions entre les propriétaires. On appelle ordinairement ces dernières, servitudes
établies par le fait de l'homme, car elles peuvent être établies
par testament ou par prescription et par d'autres modes qui ne
sont nullement des conventions.

On a avec raison critiqué la rédaction de cet article 639.

En effet, la distinction établie par la loi entre les deux pre-
mières classes de servitudes, est tout au moins fort arbitraire,
attendu que les servitudes qui dérivent de la situation naturelle

des lieux sont établies par la loi et que *vice versâ* celles qu'établit la loi, elle les établit à raison de la situation des lieux.

De plus, le Code parle de servitudes qui dérivent des obligations imposées par la loi. Ce ne sont pas les servitudes qui dérivent des obligations, ce sont les obligations qui dérivent des servitudes.

Et même avec ces tempéraments, l'article 659 ne se trouverait pas à l'abri de toute critique, car on est tenté de dire qu'il n'y a de véritables servitudes que celles qui sont établies par le fait de l'homme.

En effet, la servitude est une atteinte à la liberté qui est le droit commun des héritages. Par conséquent, les charges imposées indistinctement par la loi à tous les fonds qui se trouvent dans les mêmes conditions, étant générales pour tous ces fonds, ne sont pas, à proprement parler des servitudes, puisqu'elles forment le droit commun de cette catégorie.

Il faut remonter aux époques tout à fait primitives et presque sauvages, pour trouver la propriété foncière dans cet état de liberté et d'indépendance absolue que le droit naturel lui assurait, mais que les législations civilisées ont dû restreindre et limiter.

Le fonds qui n'est assujetti qu'aux règles imposées par la loi, pour qu'il ne puisse ni porter atteinte aux propriétés qui l'avoisinent, ni déroger aux principes qui intéressent l'ordre public, n'est pas en servitude ; il est en état de liberté légale. La servitude n'est, en effet, qu'une modification apportée à la propriété telle qu'elle a été organisée par le Code. On ne peut, par conséquent, considérer comme de véritables servitudes que les modifications que le propriétaire apporte volontairement à son droit de propriété. En d'autres termes, il n'y a de servitudes proprement dites que celles qui sont établies par le fait de l'homme.

C'est bien ainsi, du reste, qu'on l'entend dans la pratique. Lorsqu'un immeuble est vendu sous cette déclaration qu'il est *franc et libre de toutes servitudes*, cette clause, si générale qu'elle soit, ne s'entend pourtant que des servitudes établies par le fait de l'homme.

C'est seulement de ces dernières servitudes que nous avons à nous occuper ici.

SECTION I.

§ 1. *Des diverses espèces de servitudes qui peuvent être établies par le fait de l'homme.*

Rappelons d'abord que les servitudes établies par le fait de l'homme, sont celles qui ont pour fondement la volonté expresse ou tacite des propriétaires.

L'article 686 permet aux propriétaires d'établir sur leurs fonds telles servitudes que bon leur semble.

Toutefois, cette faculté illimitée d'établir des servitudes au gré des propriétaires, est soumise à deux restrictions :

1° Les servitudes établies par le fait de l'homme ne doivent pas être contraires à l'ordre public ;

2° Elles ne peuvent être imposées ni à la personne, ni en faveur de la personne.

La première de ces restrictions n'a rien de spécial à la matière des servitudes ; elle ne fait que reproduire le principe général posé dans l'article 6 du Code Napoléon, d'après lequel il est défendu de déroger, par des conventions particulières, aux lois qui intéressent l'ordre public et les bonnes mœurs.

La seconde seule demande quelques développements.

Et, d'abord, on comprend qu'il ne s'agit pas ici des servitudes personnelles telles que l'usufruit et l'usage, qui dans le langage du Code ne portent pas le nom de servitudes. Ce que notre texte prohibe, ce sont les servitudes prédiales entachées de personnalité, ce sont en un mot ces institutions féodales comme les corvées, les prestations et redevances, qui, bien que qualifiées profitables au fonds sous la forme juridique de servitudes réelles et avec les attributions attachées à ces servitudes réelles, n'étaient en réalité que des services imposés sur les fonds pour les personnes, ou pour les fonds sur les personnes, ou tout à la fois sur les personnes et pour les personnes.

Mais la loi veut-elle dire que le propriétaire d'un fonds ne peut pas s'obliger personnellement à faire quelque chose en faveur de son voisin, à lui procurer quelque service? Assurément, non. Ainsi la convention par laquelle le propriétaire d'un fonds s'engagerait à labourer le fonds de son voisin, n'aurait rien que de très-licite; elle engendrerait une obligation pour l'une des parties, une créance pour l'autre.

Ce que la loi prohibe, c'est la convention en vertu de laquelle le propriétaire d'un fonds et tous les acquéreurs successifs de ce fonds seraient tenus envers le propriétaire d'un autre héritage, d'un certain service, celui de labourer son champ par exemple, dont ils ne pourraient pas même s'affranchir par l'abandon de leur droit de propriété. Cette convention n'est pourtant point dénuée de tout effet; elle est nulle en ce sens seulement qu'elle est impuissante à créer une qualité modificative du droit de propriété, une charge réelle du fonds, une servitude en un mot; mais, comme toute autre convention, elle engendre une obligation valable à l'égard du promettant et de ses successeurs universels et à titre universel. Ce n'est qu'à l'égard des acquéreurs à titre particulier de l'héritage à l'occasion duquel elle a eu lieu, qu'elle reste sans effet.

§ 2. — Des caractères particuliers et accidentels des servitudes.

Les caractères particuliers des servitudes sont ceux qui ne se rencontrent pas indistinctement dans toutes les servitudes, et qui peuvent se trouver chez les unes et point chez les autres.

Le Code distingue trois espèces de ces caractères; ainsi les servitudes peuvent être :

1° Urbaines ou rurales ;

2° Continues ou discontinues ;

3° Apparentes ou non apparentes.

Examinons successivement ces trois classes de servitudes.

Aux termes de l'art. 687, les servitudes urbaines sont celles qui sont établies pour l'usage des bâtiments situés soit à la ville, soit à la campagne.

Les servitudes rurales, au contraire, sont celles qui sont établies pour l'usage des fonds de terre.

Cette première division, fort importante en droit romain, a perdu toute utilité en passant dans notre Code. A Rome, les servitudes urbaines étaient des choses *nec mancipi* qui ne pouvaient s'acquérir par *mancipation;* au contraire, les servitudes rurales étaient des choses *mancipi* qui s'acquéraient par mancipation. Dans notre droit les servitudes urbaines s'acquièrent de la même manière que les servitudes rurales; il n'y a plus entr'elles aucune différence. Du reste, la définition de notre Code ne répond pas à la définition des jurisconsultes romains; ceux-ci ne caractérisaient les servitudes urbaines et rurales, ni par la qualité de l'héritage dominant, ni par la qualité de l'héritage servant. Les servitudes urbaines étaient celles : *quæ ædificiis inhærent,* et les servitudes rurales celles : *quæ in solo consistunt;* la servitude était urbaine ou rurale, suivant que son exercice réveillait l'idée d'un bâtiment ou d'un fonds de terre. Ainsi le droit pour le propriétaire d'un fonds d'empêcher le voisin de bâtir sur son fonds, était une servitude urbaine, quoiqu'il n'y eût aucun bâtiment. La définition romaine est plus exacte que celle de notre Code, mais cela n'a aucune importance, notre Droit français ne distinguant pas les servitudes rurales des servitudes urbaines.

Arrivons maintenant à la seconde division des servitudes en *continues* et *discontinues*.

L'art. 688 appelle servitudes continues, celles dont l'usage est ou peut être continuel sans avoir besoin du fait actuel de l'homme : tels sont les conduites d'eau, les égouts, les vues; et servitudes discontinues, celles qui ont besoin du fait actuel de l'homme pour être exercées : tels sont les droits de pacage, de puisage et autres semblables.

La servitude continue ne perd pas son caractère lors même que le fait de l'homme est nécessaire pour la mettre en état de s'exercer, pour lever un obstacle qui s'oppose à son exercice. Ainsi, par exemple, la servitude de prise d'eau est continue, bien qu'il faille souvent pour en user ouvrir une écluse ou lever une bonde.

De même il n'est pas nécessaire que l'usage soit continuel ; ainsi la servitude d'écoulement des eaux pluviales est continue, bien qu'il ne pleuve pas toujours ; mais il n'est pas de moment où il ne puisse pleuvoir.

La loi classe parmi les servitudes continues le droit de vue, et parmi les servitudes discontinues le droit de passage, parce que l'existence du premier ne consiste pas uniquement dans le fait de voir, mais dans l'existence même de l'ouverture qui procure la vue. Ce droit de vue suppose nécessairement la servitude de jour qui est continue, et le droit de vue emprunte alors son caractère au droit de jour dont il semble n'être qu'un accessoire. Au contraire, le droit de passage suppose nécessairement et uniquement le fait de l'homme.

Enfin, aux termes de l'article 689, les servitudes sont apparentes ou non apparentes.

Les servitudes apparentes sont celles qui s'annoncent par des ouvrages extérieurs tels qu'une porte, une fenêtre, un aqueduc.

Les servitudes non apparentes sont celles dont aucun signe extérieur ne révèle l'existence, comme, par exemple, la servitude de ne pas bâtir ou de ne bâtir qu'à une hauteur déterminée.

Au point de vue de l'acquisition de la servitude, il est bien entendu que l'apparence dont il s'agit, doit exister relativement au propriétaire du fonds que l'on prétend assujettir à la servitude, car c'est à lui que doit être révélée l'existence de cette servitude pour qu'il puisse s'y opposer. Il ne suffirait donc pas qu'il existât par quelque côté un ouvrage extérieur, si cet ouvrage n'était pas visible pour le propriétaire du fonds que l'on prétend assujettir à la servitude. Par suite du même principe, il faut que l'apparence

4

de la servitude n'ait rien de précaire et de passager, et s'annonce par des signes permanents, placés à perpétuelle demeure.

Une servitude peut être tout à la fois continue et apparente comme la servitude de vue. En effet, l'ouverture elle-même, quand on ne s'en approcherait jamais pour y regarder, constitue une utilité pour le bâtiment auquel elle procure l'air et la lumière, et en outre cette ouverture est un signe extérieur.

La servitude peut être continue sans être apparente, comme la servitude de ne pas bâtir ;

Apparente sans être continue : par exemple la servitude de passage lorsqu'il existe une porte ou un chemin qui en révèle l'existence ;

Discontinue et non apparente à la fois comme le droit de passage lorsqu'aucun signe n'en révèle l'existence.

Ces deux dernières divisions des servitudes en *continues* et *discontinues, apparentes* et *non apparentes,* sont d'une grande importance, parce qu'elles servent de bases à des différences essentielles dans la manière d'acquérir ou de perdre les servitudes.

On rencontre dans les auteurs une quatrième division des servitudes envisagées sous un autre rapport, c'est la division des servitudes *positives* et *négatives :* positives, lorsqu'elles confèrent au propriétaire du fonds dominant le droit de faire certains actes de maître sur le fonds servant, comme de passer, de puiser de l'eau ; négatives, lorsqu'elles interdisent au propriétaire du fonds servant certains actes qu'il aurait le droit de faire selon le droit commun, comme de ne pas bâtir ou de ne pas exhausser une construction.

SECTION II

Comment s'établissent les servitudes ?

Aux termes des articles 690, 691, 692, 693, 694 et 695 les servitudes peuvent s'établir :

1° Par titre ;

2° Par prescription ;

3° Par destination du père de famille.

Nous allons nous occuper successivement de chacun de ces trois modes.

§ 1er. — *Du Titre.*

D'après l'article 690, les servitudes continues et apparentes s'acquièrent par titre, et l'article 691 ajoute que les servitudes continues non apparentes et les servitudes discontinues, apparentes ou non apparentes, ne peuvent s'établir que par titre. Ainsi donc toutes les servitudes peuvent être établies de cette manière.

Il faut entendre ici par le mot titre la cause de l'acquisition, le principe générateur de la servitude. Cette cause peut être, soit une libéralité entre vifs ou par testament, soit un contrat à titre onéreux comme une vente, un partage, un échange.

Le mot *titre* a dans la pratique une acception plus usitée ; on l'emploie pour désigner l'acte écrit, *instrumentum,* qui est destiné à constater le titre, c'est-à-dire le fait constitutif du droit lui-même. C'est dans cette acception qu'il est employé dans plusieurs articles du Code, et notamment dans l'article 695 de notre matière. Mais tel ne saurait être le sens du mot titre dans les articles 690 et 691. Il est pris dans ces articles dans son sens technique et scientifique pour indiquer le principe générateur du droit.

Les servitudes étant des démembrements de la propriété ne peuvent être aliénées par les modes du droit commun, que suivant les conditions exigées par la loi. Que le titre soit gratuit ou onéreux, il est soumis, en vertu de la loi du 23 mars 1855, à la formalité de la transcription, tandis qu'il n'était pas compris, même lorsqu'il était gratuit, dans la règle de l'article 939 qui ne comprenait que les donations de biens susceptibles d'hypothèques. Du reste, le texte de la loi de 1855 est général et, par conséquent, s'applique indistinctement aux servitudes continues et apparentes, comme à celles qui sont dépourvues de ces deux caractères.

Il n'est pas nécessaire, pour l'établissement de la servitude, qu'elle soit décrite d'une manière complète dans le titre même qui pourrait la constater. Il suffit que l'acte contienne l'indication d'une servitude, susceptible d'être déterminée par une interprétation équitable. Ainsi celui qui constitue une servitude est censé accorder tout ce qui est nécessaire pour en user.

La servitude, ainsi que nous l'avons dit, peut être établie à titre onéreux ou à titre gratuit.

La servitude s'établit à titre onéreux notamment par vente, échange ou partage.

Elle est établie à titre gratuit soit par donation, soit par testament.

L'intérêt de distinguer les modes d'établissement à titre onéreux des modes d'établissement à titre gratuit se présente surtout au point de vue de la capacité et des solennités requises dans les donations et testaments. Nous pouvons ajouter que la loi de 1855 n'exige pas la transcription des testaments.

Certaines conditions de capacité sont imposées aux personnes qui veulent concéder ou recevoir une servitude.

De la part de celui qui établit la servitude, il faut :

1° Qu'il soit propriétaire de l'héritage sur lequel doit peser la servitude.

2° Qu'il ait la capacité d'aliéner, soit à titre onéreux, soit à titre gratuit, suivant que la constitution sera faite gratuitement ou pour un prix.

De la part de celui qui reçoit la servitude, il faut qu'il soit propriétaire du fonds au profit duquel elle sera établie ; et, en général, tous ceux qui peuvent accorder une servitude, peuvent également en acquérir. Mais nous allons voir que la réciproque n'est pas parfaitement vraie.

Ainsi :

L'usufruitier qui n'a que le jus utendi, n'a pas le droit d'imposer des servitudes sur le fonds qu'il détient. Il n'a pas le droit d'imposer des servitudes en ce sens que les servitudes par lui concédées ne seraient pas opposables au propriétaire après l'expiration de l'usufruit.

De même encore, l'un des copropriétaires, par indivis d'un immeuble, ne peut grever de servitudes le fonds commun sans le consentement de ses copropriétaires, car, à l'égard de ce qui leur appartient, il n'a aucun droit; la servitude sera donc nulle, à moins que, par l'effet du partage, le constituant ne reçoive seul la propriété de l'immeuble grevé. Au contraire, le copropriétaire par indivis d'un immeuble commun peut acquérir une servitude en faveur de cet immeuble.

L'existence de la servitude peut être prouvée, soit par l'acte constitutif ou *primordial*, soit par un acte récognitif ou *titre nouvel*. Mais ce titre *nouvel* ne peut être donné que par le propriétaire du fonds assujetti aussi bien que l'acte *primordial*; c'est ce que déclare l'article 695.

Malgré les termes singulièrement restrictifs de cet article 695 qui dispose que le titre constitutif de la servitude ne peut être remplacé que par un titre récognitif, il faut admettre, parce que rien ici ne sollicite une dérogation au droit commun, il faut admettre que la preuve de l'existence de la servitude, tant en l'absence du titre constitutif qu'en l'absence de titres récognitifs, pourrait résulter encore :

1° D'un serment soit refusé, soit prêté par l'une ou l'autre partie (art. 1358).

2° De l'aveu de la partie (art. 1354).

3° De la preuve par témoins, s'il y avait commencement de preuve par écrit (art. 1347).

4° De la preuve par témoins, si le titre constitutif avait été perdu ou détruit par suite d'un cas fortuit, imprévu et résultant d'une force majeure (art. 1348).

Il suffira même au propriétaire du fonds dominant de prouver qu'il a, pendant trente ans, exercé la servitude qu'il réclame, si d'ailleurs, elle est continue et apparente.

Cette possession de trente ans constitue la prescription, et la prescription supplée le titre.

Remarquons que l'existence d'une servitude sur un héritage ne fait pas obstacle à ce qu'il en supporte de nouvelles ; le proprié-taire qui doit déjà à un fonds une servitude de passage ou de puisage, peut très-bien concéder les mêmes droits en faveur d'autres fonds, pourvu toutefois que les concessions postérieures ne viennent pas restreindre l'étendue des concessions antérieures, car, aux termes de l'article 701, le propriétaire du fonds grevé de la servitude ne peut rien faire qui tende à en diminuer l'usage ou à la rendre plus incommode.

§ 2. — De la prescription.

« Les servitudes continues et apparentes s'acquièrent par titre » ou par la possession de 50 ans. » (Art. 690).

« Les servitudes continues non apparentes et les servitudes » discontinues apparentes ou non apparentes ne peuvent s'établir » que par titre ; la possession même immémoriale ne suffit pas » pour les établir, sans, cependant, qu'on puisse attaquer les ser-» vitudes de cette nature déjà acquises par la possession dans les » pays où elles pouvaient s'acquérir de cette manière. » (Art. 691).

A Rome, l'usucapion ne s'appliquait à aucune espèce de servi-tudes ; les préteurs admirent pourtant l'établissement des servi-tudes urbaines et de quelques servitudes rurales par la pres-cription *longi temporis*. Justinien consacra l'acquisition, par la prescription, de certaines servitudes rurales et des servitudes urbaines.

Notre ancien droit français a été fort divisé sur ce mode d'ac-quisition. Parmi les coutumes, les unes le rejetaient complète-ment ; d'autres l'admettaient pour quelques servitudes ; d'autres, enfin, l'appliquaient à toute espèce de servitudes.

Les unes exigeaient une possession immémoriale ; les autres se contentaient d'une possession temporaire plus ou moins pro-longée.

Le Code a fait cesser cette divergence. La prescription n'est admise que pour les servitudes qui sont tout à la fois *continues* et *apparentes*. Il en est ainsi, parce que la prescription ne peut s'accomplir que par une possession publique et non équivoque. Elle a pour fondement la présomption que le propriétaire de l'immeuble sur lequel s'exerce un droit de servitude, l'a réellement et légitimement asservi à celui qui jouit de la servitude depuis si longtemps.

Ainsi la prescription ne s'applique pas aux servitudes non apparentes parce qu'elles ne sont pas susceptibles d'une possession publique.

Quant à l'imprescriptibilité des servitudes discontinues, quelques auteurs l'expliquent en disant qu'aux termes de l'art. 2229, il faut pour prescrire une possession continue; or, ajoutent-ils, la possession d'une servitude discontinue ne peut être continue. Cela n'est point exact; car, lorsque le législateur exige que la possession soit continue, il veut seulement qu'elle n'ait pas été abandonnée et reprise. Quand j'exerce sur le fonds de mon voisin une servitude de passage ou de puisage, il est évident que ma possession, s'exerçant par ces actes répétés, est sous ce rapport aussi continue que la possession d'un champ sur lequel je ne vais qu'à d'assez longs intervalles, pour les besoins de l'exploitation.

Le vrai motif de cette imprescriptibilité, c'est que la possession des servitudes discontinues est toujours réputée équivoque et à titre précaire; c'est que le législateur a présumé qu'elle était toujours le résultat de la tolérance. Il n'a pas voulu attacher le germe d'une proscription aux relations de bon voisinage; il rassure les propriétaires en leur déclarant que cette tolérance ne deviendra jamais contre eux la cause d'une servitude passive.

Le Code, en disant qu'une possession même immémoriale ne suffit pas pour établir les servitudes autres que les servitudes continues et apparentes, fait allusion à l'ancien droit; il abolit la possession immémoriale qui existait comme cause d'établissement de ces servitudes dans plusieurs provinces. Cependant, voulant ne donner à sa règle aucun effet rétroactif et respecter tous les droits acquis, il maintient les servitudes discontinues et non apparentes déjà établies par la prescription lors de la promulgation de ce titre, 10 février 1804.

Il est bien évident, du reste, que, dans les pays où nulle servitude ne s'acquérait par prescription, on ne pourrait compter pour l'acquisition des servitudes qui en sont aujourd'hui susceptibles que la possession postérieure à la promulgation du Code. Les servitudes continues et apparentes pouvant être établies par la prescription peuvent à fortiori être augmentées par le même moyen.

L'article 690 dispose que la durée de la possession doit être de 30 ans. Mais l'article 2265 dit que celui qui acquiert de bonne foi et par juste titre un immeuble, en prescrit la propriété par dix ans, si le véritable propriétaire habite dans le ressort de la Cour Impériale, dans l'étendue de laquelle l'immeuble est situé, et par vingt ans s'il est domicilié hors dudit ressort. »

Faut-il appliquer cet article 2265 aux servitudes; ou en d'autres termes celui qui a acquis de bonne foi et par juste titre une servitude continue et apparente, *a non domino*, peut-il invoquer la prescription acquisitive de dix ou vingt ans contre le véritable propriétaire? Cette question est vivement controversée.

On dit pour l'affirmative :

Aux termes de l'article 2265 celui qui acquiert de bonne foi et par juste titre un immeuble, en prescrit la propriété par dix ou vingt ans. Or, aux termes de l'article 526, les servitudes sont immeubles; donc, l'article 2265 leur est applicable. C'est pour cela qu'on applique cet article à l'usufruit qui est, comme les servitudes, immeuble par l'objet auquel il s'applique.

D'un autre côté, c'est à raison de la bonne foi de l'acquéreur et pour ne pas prolonger si longtemps l'incertitude de son droit, que la loi a abrégé la durée ordinaire de la prescription. Or, celui qui a acquis de bonne foi une servitude *a non domino* et qui a fait peut-être en conséquence des travaux dispendieux, ne mérite-t-il donc pas la même protection?

Pour la négative on peut dire :

L'article 690 ne fait aucune distinction ; il dispose simplement que les servitudes continues et apparentes s'acquièrent par titre ou par la possession de trente ans. Or, l'article 2265 n'est point général à tous les cas , mais comme tous les articles du titre de la prescription , il ne doit s'appliquer que lorsqu'il n'y a point ailleurs de dispositions spéciales ; l'article 2264 nous dit en effet : « Les règles de la prescription sur d'autres objets que ceux » mentionnés dans le titre de la prescription , sont expliquées » dans les titres qui leur sont propres. » Or, il s'agit ici de servitudes, et l'article 2264 nous renvoie tout naturellement au titre des servitudes, à l'article 690 qui contient une disposition spéciale aux servitudes : les servitudes continues et apparentes s'acquièrent par la prescription de trente ans.

On applique, il est vrai, l'article 2265 à l'usufruit ; mais c'est que l'usufruit se manifeste par une possession dont la publicité ne le cède en rien à la possession de la pleine propriété elle-même, tandis que la possession des servitudes , lors même qu'elles sont continues et apparentes , est toujours plus ou moins équivoque et surtout elle peut être ignorée du véritable propriétaire ; et d'ailleurs il n'y a, dans le titre de l'usufruit, aucun texte pareil à l'article 690 qui exige absolument une possession de trente ans.

Cependant, l'affirmative nous paraît préférable et nous pensons que l'article 2265 est applicable à l'acquisition des servitudes par la prescription.

Il n'est pas possible d'appliquer la prescription aux servitudes négatives. On sait, en effet, que ces servitudes sont celles qui mettent le propriétaire du fonds servant dans la nécessité de ne pas faire, sur son fonds, certains actes qu'il avait le droit de faire selon le droit commun. Pour prescrire il faut posséder, et posséder c'est faire des actes de maître sur la chose d'autrui, ce qui n'a pas lieu pour les servitudes négatives.

§ 3. — *De la destination du père de famille.*

Par destination du père de famille, on entend un certain arrangement au moyen duquel le propriétaire de deux héritages a destiné l'un d'eux au service de l'autre.

Tant que les deux héritages continuent d'appartenir au même propriétaire, le service ainsi établi ne constitue pas une servitude, car *nimini res sua servit;* mais si par une cause quelconque ils viennent à être divisés, si le propriétaire aliène l'un de ses deux fonds en se réservant l'autre, ou s'il les vend à deux personnes différentes, ou si après sa mort ils passent à deux de ses héritiers, ce service, qui n'était autre chose que le libre usage du droit de propriété, se transforme en une véritable servitude.

Pour invoquer en faveur de l'existence légale d'une servitude la destination du père de famille, il faut qu'il s'agisse d'une servitude continue et apparente, parce que c'est seulement dans ce cas qu'elle a une certaine publicité et qu'elle a pu être connue des parties. Ainsi, le propriétaire de deux héritages bâtit sur la limite de ces deux héritages et ouvre une fenêtre donnant directement sur l'un des fonds. Tant que les deux fonds appartiendront au même propriétaire, il ne sera pas question de servitude; mais si le propriétaire meurt et laisse deux héritiers ayant chacun un fonds dans leur lot, la servitude de vue existera entre les deux héritages.

Pour établir qu'il y a destination du père de famille, il faut prouver :

1° Que les deux fonds, actuellement divisés, ont appartenu au même propriétaire ;

2° Que c'est par lui que les choses ont été *mises* ou *laissées* dans l'état duquel résulte la servitude.

Nous disons mises ou laissées en état, car il n'y a aucune différence entre le cas où le maître de deux héritages a lui-même assujetti l'un au service de l'autre, et celui, où l'assujettissement provient du fait des anciens propriétaires ou même d'un tiers, pourvu qu'il ait été maintenu par le propriétaire des fonds réunis. L'antériorité de cet assujettissement en rend l'utilité plus évidente.

Les Romains, rigoureux observateurs de la règle que toutes les servitudes devaient être formellement stipulées, n'admettaient pas en principe la destination du père de famille comme mode d'établissement des servitudes.

C'est là ce qui explique comment, dans nos anciens pays de droit écrit, la destination du père de famille ne pouvait pas non plus être invoquée.

Quant au pays de droit coutumier, ils offraient à cet égard beaucoup de diversités.

Comment le propriétaire du fonds dominant prouvera-t-il les deux faits constitutifs de la destination du père de famille?

Notre Code n'ayant pas reproduit les dispositions des coutumes de Paris et d'Orléans qui n'admettaient d'autre preuve que la preuve écrite, nous en conclurons que les moyens de preuve ne sont pas limités et qu'il faut se conformer aux règles du droit commun.

D'après l'article 692, la destination du père de famille vaut titre à l'égard des servitudes qui sont tout à la fois continues et apparentes. Il semblerait, cependant, d'après l'article 694, que la simple apparence suffirait sans la continuité pour l'établissement de la servitude.

Cet article dit effectivement que lorsqu'un propriétaire de deux héritages, entre lesquels il existe un *signe apparent* de servitude, dispose de l'un des héritages *sans que l'écrit qui constate le contrat, contienne aucune convention relative à la servitude, cette servitude continue d'exister activement et passivement.*

Comment faut-il régler les rapports de ces deux articles? Plusieurs tentatives ont été faites pour les concilier.

La plus ancienne et la plus simple consiste à suppléer dans l'article 694 la seconde condition de continuité qui ne s'y trouve pas.

Ceci ne nous paraît pas être une conciliation, mais une modification de la loi, et ce ne serait qu'en désespoir de cause qu'il faudrait l'adopter.

Dans une opinion plus accréditée qui se base sur l'autorité du tribun Albisson, l'art. 692 règle le cas de l'établissement, et l'art. 694 le cas du rétablissement d'une servitude. Si les deux fonds ont été reçus par le père de famille grevés d'une charge, l'un au profit de l'autre, et que, plus tard ayant été laissés dans cette position, ils viennent à ne plus se trouver sous la dépendance du même propriétaire, il suffira que la servitude ait été apparente pour que l'on puisse invoquer la destination du père de famille. Si, au contraire, le père de famille a grevé lui-même un des héritages qu'il possédait d'une servitude au profit d'un héritage qu'il possédait également, il faudra plus tard, lorsqu'on invoquera la destination du père de famille, prouver que la servitude remplissait la double condition de continuité et d'apparence.

Reste une dernière opinion la plus généralement suivie et qui, ce me semble, doit être adoptée. Elle tire son origine des coutumes de Paris et d'Orléans :

Un propriétaire a créé ou maintenu entre deux héritages qui lui appartiennent, un rapport qui constituerait une servitude si les fonds appartenaient à deux personnes différentes ; plus tard les deux fonds viennent à être séparés. Si la servitude est continue et apparente, la présomption légale est qu'elle existe entre les deux fonds divisés, et celui qui l'invoque, au nom de la destination du père de famille, n'a besoin de représenter aucun titre ; c'est là l'hypothèse prévue par l'art. 692. Si, au contraire, la servitude n'est qu'apparente, c'est la présomption inverse qui prévaut, et, pour la faire tomber, il faut présenter un acte de séparation constatant que les parties n'ont fait aucune réserve contraire à la servitude. C'est là l'hypothèse de l'art. 694.

SECTION III.

Comment s'exercent les servitudes ?

Si la servitude résulte d'une convention, l'étendue des droits qu'elle confère étant réglée par le titre constitutif, c'est ce titre qui doit être consulté pour apprécier l'étendue des droits et des obligations de chaque propriétaire. Il doit être interprété suivant la commune intention des parties, en tenant compte du but de la servitude; mais, dans le douté, on doit se décider en faveur de la liberté et conséquemment restreindre la servitude plutôt que de l'étendre.

Il faut appliquer au testament ce que nous disons de la convention.

La servitude a-t-elle été constituée par la destination du père de famille, il faut, pour en déterminer l'étendue et le mode de jouissance, consulter l'ancien état de choses duquel est née la servitude.

Si son acquisition est le résultat de la prescription, c'est à la possession seule qu'il faut s'attacher, suivant la maxime : « *Tantum præscriptum, quantum possessum.* »

A défaut de titre constitutif de la servitude, ou bien si ce titre existant ne renferme aucune explication ou n'en donne que d'imparfaites sur l'étendue et le mode d'exercice de la servitude, le Code donne certaines règles d'interprétation.

1° Aux termes de l'art. 696, l'établissement d'une servitude implique la possession de tout ce qui est nécessaire pour en user. Ainsi, la servitude de puisage entraîne nécessairement la servitude de passage. C'est une règle de bon sens et de nécessité qu'on aurait admise même dans le silence de la loi, *car qui veut la fin veut les moyens.*

Cette proposition est vraie pour toutes les servitudes, par quelque cause qu'elles aient été établies, en ce sens que, dès que l'on reconnaît le droit principal, il faut nécessairement aussi reconnaître les droits accessoires qui sont indispensables pour son exercice.

Remarquons toutefois que lorsqu'il s'agit d'une servitude acquise par prescription, il faut se montrer plus rigoureux.

2° Par suite du principe que nous venons d'énoncer, le propriétaire du fonds dominant peut exercer la servitude, non-seulement tant que l'état des lieux en permet l'usage, mais il peut même, ainsi que le dit l'art. 697, faire tous les ouvrages nécessaires à la conservation et à l'exercice de la servitude.

Il peut par exemple, dans l'hypothèse d'une servitude de passage, faire paver le chemin, diminuer les pentes, couper les arbres, etc. Si c'est une servitude d'aqueduc, il peut faire creuser le sol, pour y établir un canal.

Il est bien entendu, d'ailleurs, que tous ces ouvrages doivent être faits de la manière la moins dommageable et la moins incommode pour le fonds assujetti. Ils doivent en outre être terminés dans un délai convenable.

La nature des servitudes qui consistent uniquement à souffrir ou à s'abstenir, met en général les travaux et ouvrages aux frais du propriétaire du fonds dominant; mais il est permis de déroger à cette règle; la loi permet d'imposer accessoirement les frais au propriétaire du fonds servant.

Toutefois, dans le cas même où le propriétaire du fonds assujetti est chargé par le titre de faire les travaux à ses frais, il peut s'en affranchir par l'abandon du fonds, car la charge est imposée au fonds.

Que faut-il entendre ici par fonds assujetti?

Rien de plus simple, quand le fonds assujetti et la portion de terrain nécessaire à l'exercice de la servitude se confondent et ne font qu'une seule et même chose; c'est ce qui arrive, par exemple, lorsqu'une servitude de passage a été consentie, et que l'acte par lequel elle a été constituée désigne spécialement la partie du fonds sur laquelle le chemin devra être établi. Dans ce cas, il ne faudra abandonner que la partie du fonds spécialement assujetti.

De même quand le fonds tout entier est nécessaire à l'exercice de la servitude, le fonds tout entier doit être abandonné.

Mais où la difficulté s'élève, c'est si l'on suppose une servitude établie sur un fonds tout entier, bien qu'une portion seule de ce fonds soit nécessaire à son exercice.

Ainsi, une servitude de passage a été constituée sur un fonds en termes généraux, c'est-à-dire sans désignation de la portion de terre sur laquelle le chemin doit être établi.

Il semble, dans ce cas, que le fonds tout entier doit être abandonné. Cependant quelques auteurs rejettent cette consé-quence, en disant que lorsque la servitude a été déterminée, cette assignation est définitive ; le propriétaire du fonds dominant n'a pas le droit de la changer et de la porter sur une autre partie du fonds, tant que celle qui a été choisie d'abord suffit à l'exercice de la servitude. Il suffirait donc de l'abandonner pour se soustraire à l'obligation stipulée comme accessoire, sauf à fournir un autre passage sur le fonds, si plus tard quelque accident venait à dé-truire le premier ou à le rendre insuffisant à l'exercice de la servitude.

L'abandon ne produirait, dans ce cas, qu'un affranchissement conditionnel.

3° La servitude est due à toutes les parties du fonds dominant, car elle en est une qualité. Si, par exemple, un fonds qui jouit d'une servitude de passage sur un fonds voisin, se trouve divisé, chacun des copropriétaires a droit à la servitude. Remarquons, toutefois, que la condition du fonds servant ne peut être aggravée. Ainsi, dans notre exemple, chacun des copropriétaires exercera la servitude de passage pour la totalité, mais ils devront tous s'entendre pour passer par le même endroit.

Lorsque l'exercice de la servitude consiste en un fait divisible, comme de prendre chaque année tant de mesures de sable dans le fonds servant, le bénéfice de la servitude est alors partagé entre les copartageants du fonds dominant, proportionnellement à la portion qui a été allouée à chacun d'eux. Mais, dira-t-on, les servitudes sont indivisibles ? Oui, sans doute, la servitude est indivisible en ce sens qu'elle est due pour chacune des portions du fonds dominant ; mais l'exercice de la servitude est parfaitement divisible dans le cas qui nous occupe et dans d'autres analogues. Il faut, relativement à l'indivisibilité des servitudes, distinguer avec soin le *droit* de servitude, du *fait* par lequel on l'exerce.

La loi ne s'occupe pas de la division du fonds servant, mais il est évident que cette division ne modifie en rien l'étendue du droit afférent au fonds dominant. Toutes les parties du fonds assujetti restent, après le partage, tenues comme elles l'étaient auparavant.

Lorsqu'un fonds dominant est indivis, lors même que l'objet de la servitude serait divisible, la loi donne à la jouissance de l'un des copropriétaires par indivis, l'effet d'empêcher la prescription à l'égard de tous.

De même, si parmi les copropriétaires se trouvait un mineur contre lequel la prescription n'a pu courir, la suspension de la prescription profiterait à tous les autres.

Dans le cas où la totalité du fonds est assujettie, les agrandissements qui pourraient survenir à ce fonds, ne sont pas affectés à l'exercice de la servitude.

4° Le propriétaire du fonds servant ne peut rien faire qui tende à diminuer l'usage de la servitude ou à le rendre plus incommode. Par exemple, il ne doit pas être maître de transférer arbitrairement l'exercice de la servitude d'un endroit dans l'autre. Toutefois, nous trouvons une exception à ce principe dans l'article **701**, ainsi conçu : « Mais cependant, si cette assignation primitive était devenue plus onéreuse au propriétaire du fonds assujetti, ou si elle l'empêchait d'y faire des réparations avantageuses, il pourrait offrir, au propriétaire de l'autre fonds, un endroit aussi commode pour l'exercice de ses droits, et celui-ci ne pourrait s'y refuser. » C'est une question assez délicate que celle de savoir si l'on ne devrait pas admettre un droit réciproque au profit du propriétaire du fonds dominant. La raison de douter, c'est que la loi tend à favoriser la liberté des héritages, et que le propriétaire du fonds servant peut espérer voir s'accomplir l'extinction de la servitude par le non usage pendant trente ans.

Le propriétaire du fonds assujetti peut user du chemin sur lequel s'exerce la servitude, pourvu qu'en le faisant il ne le rende pas plus incommode pour le propriétaire du fonds dominant.

Les tribunaux ont mission de régler, conformément à l'équité et en se fondant sur les principes généraux qui régissent la matière, les difficultés que la loi n'a pas prévues.

SECTION IV.

Comment s'éteignent les servitudes ?

Le Code mentionne trois causes d'extinction des servitudes, savoir :

1º L'impossibilité d'user (art. 703 et 704) ;

2º La confusion (art. 705) ;

3º Le non-usage pendant trente ans (art. 706 à 710).

Mais cette énumération n'est pas limitative et nous ajouterons encore les causes suivantes d'extinction des servitudes :

1º L'arrivée du terme ou l'avènement de la condition, lorsqu'elles ont été constituées pour un certain temps ou jusqu'à l'arrivée d'une condition ;

2º La renonciation expresse ou tacite ;

3º La résolution rétroactive du droit de celui qui a constitué la servitude, conformément à la maxime : « Resoluto jure dantis, resolvitur jus accipientis » ;

4º L'expropriation forcée, pour cause d'utilité publique, de l'un ou l'autre fonds.

§ 1er. — De l'impossibilité d'user.

« Les servitudes cessent, lorsque les choses se trouvent en » tel état qu'on ne peut plus en user. (Art. 703) ;

» Elles revivent si les choses sont rétablies de manière qu'on » puisse en user, à moins qu'il ne se soit déjà écoulé un espace

6

» de temps suffisant pour faire présumer l'extinction de la servi-
» tude, ainsi qu'il est dit à l'article **707**. (Art. **704**). »

Si le fonds servant ou le fonds dominant vient à périr, la servitude est éteinte. La servitude cesse encore si le changement des
lieux est tel, que son exercice ne présente plus aucune utilité :
par exemple, si entre la maison grevée de la servitude *altius
non tollendi* et le fonds au profit duquel elle était établie, on a
construit un édifice plus élevé.

La perte du droit principal entraînerait celle du droit accessoire. Ainsi, en supposant que la source sur laquelle j'ai un
droit de puisage vienne à tarir, je perdrais mon droit de passage
sur le fonds du propriétaire de la source, droit qui n'était que
l'accessoire du droit de puisage.

En règle générale, l'exercice de la servitude est impossible,
lorsque le fonds servant se trouve hors d'état de procurer au
fonds dominant l'utilité qui faisait l'objet de la servitude, ou que
le fonds dominant est lui-même hors d'état d'en profiter.

Mais cette cessation, fondée sur une nécessité de fait qui ne
détruit pas le droit, ne doit pas survivre à sa cause. Elle n'éteint
pas, par elle-même, la servitude ; elle n'est qu'un obstacle à son
exercice. La servitude *reparaîtra* donc, reprendra son cours
lorsque, par la disparition du fait qui en empêchait l'exercice,
l'usage en redeviendra possible.

C'est improprement que le Code dit que la servitude *revivra*
puisqu'elle n'a jamais été éteinte, mais seulement entravée dans
son exercice ; c'est *reparaîtra* qu'il faudrait dire.

Ce sera le plus souvent une question de fait que celle de
savoir dans quel cas on peut dire que les choses sont rétablies de
manière qu'on puisse user de la servitude.

Lorsqu'un mur mitoyen s'écroule ou qu'une maison est
détruite ou incendiée, s'ils viennent à être reconstruits, les servitudes actives et passives se continuent à l'égard du nouveau
mur ou de la nouvelle maison.

Il n'est pas nécessaire que les choses soient rétablies identique-
ment et absolument dans le même état ; il suffit qu'elles se
retrouvent dans un état analogue.

En effet, en exagérant cette proposition, on la rendrait d'une application presque impossible. Le législateur se borne à dire que les servitudes revivent, si les choses sont *rétablies de manière qu'on puisse en usér.*

Il faut que le rétablissement des choses dans leur état primitif ait lieu dans les trente ans ; sinon, la servitude est définitivement éteinte par l'effet du non-usage pendant le temps prescrit par les articles 706 et 707.

La loi, sans distinguer la cause qui rend impossible l'usage de la servitude et y comprenant dès lors le cas de force majeure, ne fait revivre la servitude ou plutôt n'en autorise de nouveau l'exercice, qu'autant qu'au moment du rétablissement des lieux, il ne s'est pas *déjà* écoulé le temps déterminé par l'article 707. Ce mot *déjà* comprend tout l'intervalle écoulé depuis que la servitude a cessé, aux termes de l'article 703. C'est donc bien de ce moment que court le délai de prescription par le non-usage.

La maxime *contrà non valentem agere non currit præscriptio* est certainement le principe d'un grand nombre de causes de suspension, consacrées au titre de la prescription, mais elle ne constitue pas en elle-même une règle législative ; ainsi les mineurs, les interdits ne seront pas protégés, car la loi, dans le cas qui nous occupe, n'a pas besoin de protéger les incapables, puisque l'interruption de la servitude ne résulte pas de leur négligence.

Si l'impossibilité d'user de la servitude n'existe que pour une partie soit du fonds dominant, soit du fonds servant, alors, suivant le caractère absolu ou non d'indivisibilité de la servitude, elle sera conservée en partie ou bien elle sera éteinte.

§ 2. — *De la confusion.*

Nemini res sua servit, tel est le principe ; la servitude s'éteint donc inévitablement par la réunion sur la même tête du fonds dominant et du fonds servant. L'exercice de l'ancienne servitude devient alors l'exercice du droit de propriété, et c'est sous ce nom de *confusion*, que l'on désigne ce mode extinctif qui prend, en matière d'usufruit, le nom de *consolidation*, du moins lorsque c'est l'usufruitier qui acquiert la nue-propriété.

Pour que la confusion ait lieu, il faut que la cause d'acquisition se soit réalisée. Par exemple, s'il s'agit d'un legs, il faut qu'il ait été accepté par le légataire. Il faut en un mot, pour que la confusion ait lieu, que l'événement soit tel que le service dans lequel consistait la servitude ne puisse être désormais exercé à titre de servitude.

Mais si les deux fonds viennent à se séparer de nouveau, la servitude peut-elle revivre ?

Ici une distinction est nécessaire, ou bien la cessation de la confusion a lieu *ex antiquâ causâ*, ou bien elle a lieu *ex novâ causâ*.

La confusion cesse *ex antiquâ causâ*, lorsque la cause qui la fait cesser, est née avec l'acquisition même qui l'avait produite, ou pour mieux dire, lorsque l'acquisition se trouvant *révoquée*, *rescindée* ou *résolue* par suite d'une condition ou d'un vice qui, dès le principe, existait en elle, la confusion est réputée par là même n'avoir jamais existé.

Elle cesse *ex novâ causâ*, lorsque la cause qui la fait cesser, n'est point née avec l'acquisition même qui l'avait produite, mais résulte d'un fait postérieur.

Au premier cas, l'acquisition et la confusion étant réputées n'avoir jamais existé, les choses se trouvent remises dans le même état qu'auparavant; la servitude est donc elle-même réputée n'avoir jamais cessé d'exister.

Au second cas, la confusion a produit tout son effet, et la servitude est et reste éteinte. Il faudra une nouvelle cause de servitude pour qu'elle puisse exister de nouveau. Ainsi, lorsqu'après avoir acquis le fonds servant, je l'aliène en conservant le fonds dominant, je ne fais pas revivre la servitude, la confusion étant née d'une acquisition valable et définitivement efficace.

La servitude pourra, cependant, exister à titre de servitude établie par la destination du père de famille, mais alors il faudra que toutes les conditions nécessaires pour ce mode d'établissement soient accomplies.

Il faut, par conséquent, supposer qu'elle était continue et apparente, et que le propriétaire, dans la personne duquel s'était produite la confusion, a maintenu les deux héritages dans leur rapport d'asservissement l'un à l'autre jusqu'au moment de l'aliénation qui les a de nouveau séparés.

Bien plus, si le titre d'aliénation, qui est la cause de la cessation de la confusion, était représenté et ne contenait rien de contraire au rétablissement de la servitude, il suffirait pour son rétablissement que l'ancien maître eût laissé un signe apparent de son existence ; dans ce cas, quoique discontinue, elle serait rétablie.

§ 3. — *Du non-usage pendant trente ans.*

L'extinction des servitudes par le non-usage est fondée sur l'abandon présumé de son droit, de la part de celui à qui le droit appartient, et peut-être aussi sur une sorte de peine infligée à sa négligence.

Le non-usage peut, soit éteindre tout à fait la servitude, soit la restreindre seulement et la modifier.

La loi est plus favorable à l'extinction des servitudes qu'à leur acquisition. En effet, tandis que l'acquisition des servitudes par la prescription, n'a lieu que pour les servitudes continues et apparentes, leur extinction par le non-usage a lieu pour toute espèce de servitudes.

La loi exige dans l'art. 706 que le non-usage ait duré trente ans.

Non-seulement, le non-usage éteint les servitudes qui avaient déjà été exercées, mais il éteint à fortiori celles dont l'usage n'aurait pas commencé. Ainsi, un titre me donne un droit de vue sur votre fonds ; trente ans s'écoulent sans que j'aie ouvert une seule fenêtre sur votre héritage ; mon droit est désormais éteint par la prescription. Bien plus, si, ayant acquis le droit de faire sur votre héritage un nombre d'ouvertures illimité, je n'ouvre qu'un nombre limité de fenêtres et que je laisse ensuite s'écouler trente ans sans en pratiquer de nouvelles, j'aurai perdu par le non-usage le droit de percer de nouveaux jours. Mon droit de servitude aura été ainsi restreint par la prescription.

Il est évident qu'il n'est pas nécessaire, pour que la servitude ne périsse pas par le non-usage, qu'elle soit exercée par le propriétaire du fonds dominant lui-même ou par ses ayant cause. Il suffit qu'elle soit exercée par ses représentants, tels que l'usufruitier, le fermier, l'usager. Ce serait même assez qu'elle ait été exercée par un étranger qui se serait servi, par exemple, du passage pour venir faire une visite, *ad visitandum dominum*.

A plus forte raison, cela s'applique au cas où l'un des propriétaires par indivis du fonds dominant a joui de la servitude. En effet, il est impossible que celui qui agit limite à sa portion indivise les actes utiles qu'il a faits, puisqu'il n'a qu'un droit général sur la totalité du fonds.

Cette décision s'applique même au cas où la servitude consistant dans un fait susceptible de division n'a été exercée que par l'un des copropriétaires du fonds dominant, et seulement pour la part correspondante à sa part indivise. Ainsi, étant propriétaire pour un quart d'un fonds jouissant d'une servitude de prise d'eau sur votre héritage, j'exerce mon droit, c'est-à-dire je puise un quart de la quantité d'eau fixée par le titre; au bout de trente ans, la servitude est éteinte pour le surplus; mais la partie qui est conservée, l'est pour le fonds entier, dans l'intérêt de tous les copropriétaires.

La loi va plus loin encore; elle décide que si, parmi les copropriétaires du fonds dominant, il s'en trouve un contre lequel la prescription ne peut pas courir, comme un mineur, un interdit, sa présence suffira pour empêcher la prescription de courir contre ses copropriétaires. En conservant son droit, il aura conservé le droit de tous; c'est une application de la règle « *Contrà non valentem agere, non currit præscriptio.* »

Le non-usage, continué pendant trente ans, éteint la servitude, lors même qu'il provient d'une cause involontaire. Cela n'est nullement injuste, car si, en fait, le propriétaire du fonds dominant, est dans l'impossibilité d'empêcher la prescription de courir en exerçant la servitude, il peut en droit l'interrompre en se faisant donner par le propriétaire du fonds servant une reconnaissance volontaire de la servitude, soit, en cas de refus, en l'assignant à l'effet d'obtenir une reconnaissance judiciaire de son droit. S'il laisse passer trente ans, en négligeant d'user de ce moyen, son silence a le même effet que son inaction dans le cas où le non-usage est volontaire; il fait présumer qu'il a renoncé à son droit de servitude.

D'après l'art. 706, la servitude est éteinte par le non-usage pendant trente ans; cette règle est-elle absolue? Il est d'abord certain que ce délai est le plus long que le Code ait accordé. Mais la durée de la prescription ne pourrait-elle pas au contraire être plus courte? En d'autres termes, les dispositions de l'art. 2265 peuvent-elles être invoquées par le tiers acquéreur de bonne foi ayant un juste titre, lorsque l'immeuble qu'il croyait exempt de servitude en était grevé? La raison de douter la plus sérieuse, et, suivant quelques auteurs, la raison de décider que la prescription de dix à vingt ans ne s'applique pas à l'extinction des servitudes, c'est qu'il s'agit ici d'une prescription libératoire non susceptible, comme la prescription acquisitive, de s'accomplir dans ce délai abrégé. On peut répondre à cette objection, qu'en réalité la prescription extinctive d'une servitude est une prescription acquisitive. Le tiers acquéreur d'un immeuble assujetti a acquis la pleine propriété, moins un démembrement, et de même que, par dix à vingt ans de possession, il pourrait acquérir la pleine propriété, il doit pouvoir acquérir ce démembrement; la loi du reste semble autoriser cette faculté, puisqu'elle nous dit, dans l'art. 2180, que le tiers acquéreur d'un immeuble hypothéqué prescrit l'hypothèque par une prescription acquisitive, par une prescription de dix à vingt ans. Il est vrai que cet article 2180 ne parle que des hypothèques et qu'il n'y a point de texte formel pour les servitudes, mais quand la loi n'est pas formellement contraire, ne doit-on pas accepter la décision qu'elle porte dans un cas semblable?

Quoi qu'il en soit, le point de départ de la prescription de trente ans varie suivant qu'il s'agit d'une servitude continue ou discontinue. En effet, aux termes de l'article 707, « les trente » ans commencent à courir, selon les diverses servitudes, ou du » jour où l'on a cessé d'en jouir, lorsqu'il s'agit de servitudes » discontinues, ou du jour où il a été fait un acte contraire à » la servitude, lorsqu'il s'agit de servitudes continues. »

Pour les servitudes discontinues, les trente ans, dit l'article 707, remontent au jour où l'on a exercé la servitude pour la dernière fois. Par exemple, s'il s'agit d'un droit de passage, le jour où le propriétaire du fonds dominant a passé pour la dernière fois sur le fonds servant, sera le point de départ du non-usage.

Quant aux servitudes continues, comme elles existent indépendamment du fait de l'homme, il faudra, pour que les trente ans commencent à courir, qu'il y ait un acte contraire à l'exercice de la servitude.

Un acte, c'est-à-dire un travail, un fait matériel, un ouvrage quelconque qui change l'état des lieux. La raison indique suffisamment que ces ouvrages doivent être apparents et permanents, et ce n'est généralement qu'à dater de l'achèvement des travaux que la prescription commence à courir. Peu importe que ces ouvrages soient établis sur le fonds dominant ou sur le fonds servant, ou qu'ils proviennent du fait du propriétaire de l'un des deux fonds, ou du fait d'un tiers, usufruitier ou locataire.

Supposons un droit de vue sur le fonds voisin, il n'y aurait pas non-usage lors même que les fenêtres resteraient constamment fermées. Au contraire, si on les murait, ou bien si le voisin les obstruait complétement en élevant un mur, les trente ans commenceraient à courir.

A l'égard des servitudes discontinues, dont l'usage est soumis à des intermittences forcées, par exemple d'un droit de passage sur un fonds pour le service de l'exploitation d'un bois qui se coupe tous les dix ans et même tous les vingt ans, le point de départ des trente ans sera le jour où, un nouvel acte de jouissance pouvant avoir lieu, aucun usage n'aura été fait de la servitude. Pour empêcher la prescription, il suffit de quelques faits d'usage de la servitude pendant les trente ans.

Les faits d'usage et de jouissance peuvent être prouvés par témoins, le plus souvent même ce sera la seule preuve possible.

« Le mode de l'exercice de la servitude peut se prescrire » comme la servitude même et de la même manière. » (Article 708).

Cette disposition n'était pas admise à Rome ; il suffisait d'user de la servitude d'une manière quelconque, pour la conserver tout entière. Cette règle était admise dans l'ancien droit français. Toutefois, nous lisons dans *Domat* que « les servitudes se perdent par la prescription, ou qu'elles sont réduites à ce qui est conservé par la possession pendant le temps suffisant pour prescrire. » Aujourd'hui si, pendant trente ans, le propriétaire du fonds dominant n'a fait qu'une partie des actes qu'il avait le droit de faire, la servitude se trouvera restreinte, car le non-usage aura libéré le fonds servant pour le surplus.

§ 4. *Des différentes autres causes d'extinction des servitudes.*

Les servitudes s'éteignent encore :

1° Par l'arrivée du terme, ou l'avènement de la condition sous lesquels elles avaient été établies. — En général, les servitudes ont une durée perpétuelle ; ce principe était observé très-sévèrement chez les Romains, qui n'admettaient pas l'établissement d'une servitude *neque ex tempore, neque ad tempus, neque sub conditione, neque ad certam conditionem.* Mais, dans notre droit, les propriétaires peuvent constituer les servitudes que bon leur semble, pourvu qu'elles ne soient pas contraires à l'ordre public. En conséquence, ils peuvent parfaitement constituer sur leurs fonds une servitude soit limitée à un certain temps, soit conditionnelle, qui s'éteint alors par l'expiration du terme ou l'arrivée de la condition ;

2° Par la renonciation expresse ou tacite. — Quoique le Code Napoléon ne renferme aucune disposition à cet égard, il est évident que les servitudes peuvent s'éteindre par la renonciation ou

7

par la remise, de la part du propriétaire du fonds dominant au propriétaire du fonds servant, car chacun peut disposer de ce qui lui appartient. Du reste, la loi du 23 mars 1855, sur la transcription suppose bien cette renonciation possible. En effet, l'article 2 de cette loi soumet à la transcription tout acte constitutif d'antichrèse, de servitude, d'usage et d'habitation, et aussi tout acte portant *renonciation* à ces mêmes droits.

Cet abandon ou cette remise ne peut venir que du propriétaire du fonds dominant.

En cas d'indivision de l'un des deux fonds, l'extinction de la servitude ne peut provenir de l'abandon ou de la remise qu'autant qu'ils sont consentis, soit par tous les copropriétaires, soit en faveur de tous les copropriétaires.

La remise peut être expresse ou tacite : elle est *expresse* quand les effets et les conditions en sont déterminés par l'acte qui la constate; elle peut se faire alors à titre onéreux ou à titre gratuit. La remise *tacite* résulte de tout consentement ou autorisations quelconques donnés par le propriétaire du fonds dominant et qui supposent nécessairement de sa part l'intention de renoncer à son droit. Elle peut résulter, par exemple, de ce que le propriétaire du fonds dominant laisse établir, sur le fonds servant, des ouvrages permanents et définitifs.

Il ne faut pas présumer facilement la remise qui doit toujours être certaine et non équivoque.

5° Par la résolution rétroactive du droit du constituant. — Cette résolution doit procéder d'une cause antérieure à l'établissement de la servitude et ne dépendant pas de la volonté de celui qui a accordé la servitude.

On ne peut transmettre à autrui plus de droit qu'on n'en a soi-même : *Resoluto jure dantis resolvitur jus accipientis.* Cette maxime opère d'une façon plus absolue et plus énergique, en ce qui concerne la constitution des servitudes qu'en ce qui concerne l'aliénation de la propriété elle-même.

Bien entendu que ce qui précède est inapplicable à l'établissement de la servitude par la prescription. C'est un des cas dans lesquels on pourrait appliquer la maxime : *Melius est non habere titulum quam habere vitiosum.*

Faut-il décider que la servitude doit cesser aussi dans le cas où elle a été acquise par un propriétaire dont le droit commutable ou rescindable vient à être résolu ou rescindé ? L'affirmative semble trop absolue ; on pourrait plutôt distinguer. Si la servitude a été acquise par le propriétaire actuel pour le fonds lui-même, sans limitation ni restriction, elle est effectivement acquise au fonds, et, malgré la résolution ou la rescision du droit de celui qui l'a acquise, le propriétaire qui prend sa place par l'effet de cette résolution, a le droit de la réclamer. Si, au contraire, la servitude n'avait été établie que dans l'intérêt du propriétaire lui-même dont le droit était commutable et rescindable et pour ne durer qu'autant que son propre droit, elle devrait prendre fin avec la propriété de celui qui l'avait ainsi stipulée.

4° Par l'expropriation forcée, pour cause d'utilité publique, de l'un ou de l'autre fonds.

Lorsque le fonds dominant ou le fonds servant est mis hors du commerce, par l'effet de l'expropriation forcée pour cause d'utilité publique, il est clair que la servitude doit s'éteindre.

La loi du 5 mai 1841 détermine les conditions et les formalités à remplir dans l'intérêt du maître du fonds dominant. Voici ce que dit l'article 21 de cette loi : « Dans la huitaine qui suit la notification prescrite par l'article 15, le propriétaire est tenu d'appeler et de faire connaître à l'administration les fermiers, locataires, ceux qui ont des droits d'usufruit ou d'usage, tels qu'ils sont réglés par le Code, et ceux qui peuvent réclamer des servitudes résultant des titres mêmes du propriétaire ou d'autres actes dans lesquels il serait intervenu. »

Si le propriétaire exproprié négligeait cette indication, il serait seul chargé de toutes les indemnités à payer aux personnes intéressées, indemnités que l'administration acquittera, au contraire, si elle est prévenue à temps.

Elle notifie aux personnes intéressées et, dans l'hypothèse qui nous occupe, au propriétaire de la servitude, les sommes qu'elle offre à fin d'indemnités, et cette notification est affichée et publiée.

Dans la quinzaine suivante, les propriétaires ou autres intéressés sont tenus de déclarer leur acceptation, ou, s'ils n'acceptent pas les offres qui leur sont faites, d'indiquer le montant de leurs prétentions.

Si les offres de l'administration ne sont pas acceptées dans les délais prescrits, l'administration citera devant le jury, qui sera convoqué à cet effet, les propriétaires et tous les autres intéressés qui auront été désignés ou qui seront intervenus, pour qu'il soit procédé au règlement des indemnités.

Nous ajouterons, en terminant, que, pour favoriser les progrès de l'agriculture, la loi du 6 octobre 1791 a autorisé le rachat forcé de la servitude de pacage conventionnel entre particuliers, sur toute espèce de fonds.

QUESTIONS CONTROVERSÉES

DROIT ROMAIN.

I. La réforme de Justinien, relative à l'extinction des servitudes par le non-usage, n'a trait qu'aux délais dans lesquels cette extinction s'opérera.

II. Les servitudes urbaines sont celles qui entraînent une idée de superficie; les servitudes rurales sont celles dont l'existence ne dépend que du sol.

DROIT CIVIL.

I. Le délai, dont il est parlé dans les articles 665 et 704, constitue une véritable prescription et non un délai préfix.

II. L'article 2265 est-il applicable à l'acquisition des servitudes par la prescription? Oui.

III. La prescription de dix à vingt ans s'applique-t-elle à l'extinction des servitudes? Oui.

IV. L'effet rétroactif du partage empêche-t-il le cohéritier majeur pour les biens qui tombent dans son lot, d'exciper de la minorité de son cohéritier et de la suspension qui en résulte, à l'effet de faire déclarer non accomplie la prescription d'une servitude, dont jouissait l'héritage partagé, et dont il n'a pas été usé pendant trente ans? Non.

V. La résolution des droits du concessionnaire emporte-t-elle l'extinction des servitudes acquises par lui? Il faut distinguer : si la servitude a été acquise bien et certainement pour le fonds, elle subsistera; si, au contraire, il apparaît clairement qu'elle n'a été accordée qu'en vue du propriétaire, elle s'éteindra.

PROCÉDURE.

Les servitudes discontinues peuvent-elles donner lieu aux actions possessoires en vertu d'un titre? Oui.

DROIT COMMERCIAL.

La majorité en nombre exigée pour le concordat, est-elle celle des créanciers admis ou vérifiés ou celle des créanciers présents? C'est. celle des créanciers admis ou vérifiés.

DROIT ADMINISTRATIF.

Le propriétaire qui a pratiqué des jours ou exercé d'autres droits analogues, sur une voie-publique, a acquis, non une servitude, mais un droit à une indemnité en cas de déclassement de la voie.

JAMES SIMON.

Vu pour l'impression :

Le doyen,

E. BODIN.

Nantes. — Imp. Vincent Forest et Émile Grimaud, place du Commerce, 4.

www.ingramcontent.com/pod-product-compliance
Lightning Source LLC
Chambersburg PA
CBHW071318200326
41520CB00013B/2820